SOMMAIRE

Chapitre 28 : Réformes juridiques et politiques à l'échelle internationale

Chapitre 29 : Initiatives internationales pour le développement durable

Chapitre 30 : Progrès dans le domaine de l'éducation, de la santé et de l'égalité des genres à travers le monde.

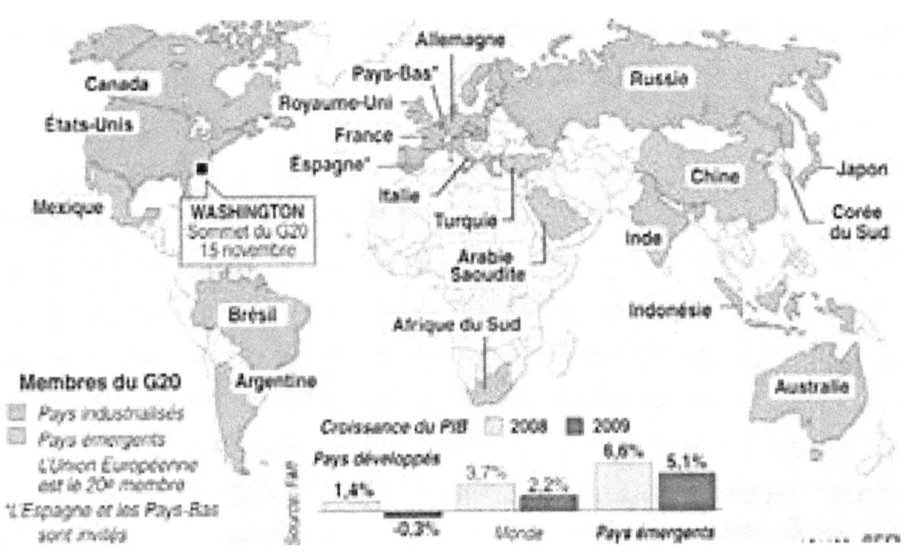

Chapitre 1 : Événements politiques mondiaux majeurs

L'évolution du paysage politique mondial est marquée par une série d'événements qui façonnent les relations entre les nations et influencent la gouvernance internationale. Ces événements, souvent historiques, ont un impact significatif sur la diplomatie, la sécurité mondiale et les droits de l'homme. Voici un aperçu des principaux événements politiques mondiaux majeurs :

Guerres et Conflits Armés

Les guerres et les conflits armés continuent de déchirer de nombreuses régions du monde, créant des crises humanitaires et des instabilités politiques. Des exemples récents incluent le conflit en Syrie, les tensions en Ukraine, et les affrontements au Moyen-Orient.

Révolutions et Soulèvements Populaires

Les mouvements de révolution et de soulèvement populaire ont secoué plusieurs pays au cours des dernières années, remettant en question le pouvoir en place et réclamant des réformes démocratiques. Des exemples notables incluent les révolutions du printemps arabe et les manifestations prodémocratie à Hong Kong.

Élections Présidentielles et Parlementaires

Les élections présidentielles et parlementaires dans différents pays peuvent avoir un impact majeur sur la politique mondiale. Les résultats de ces élections peuvent modifier les alliances politiques, influencer les politiques étrangères et économiques, et affecter les relations internationales.

Traités et Accords Internationaux

Les traités et les accords internationaux jouent un rôle crucial dans la promotion de la paix, de la coopération et du commerce entre les nations. Des événements tels que la signature de l'Accord de Paris sur le climat ou la conclusion de l'Accord de libre-échange nord-américain (ALENA) ont des répercussions à l'échelle mondiale.

Crises Humanitaires et Déplacements de Population

Les crises humanitaires, telles que les conflits armés, les catastrophes naturelles et les pandémies, entraînent souvent d'importants déplacements de population et nécessitent une réponse internationale coordonnée pour fournir une assistance humanitaire et des secours aux personnes touchées.

Sanctions et Tensions Diplomatiques

Les sanctions économiques et les tensions diplomatiques entre les pays peuvent avoir un impact majeur sur l'économie mondiale et les relations internationales. Les conflits commerciaux, les cyberattaques et les incidents diplomatiques contribuent également à une atmosphère de méfiance et d'incertitude sur la scène mondiale.

Terrorisme et Extrémisme

Les actes terroristes perpétrés par des groupes extrémistes représentent une menace pour la sécurité mondiale. Les attentats terroristes, les enlèvements et les attaques contre des installations stratégiques suscitent des préoccupations en matière de sécurité et nécessitent une coopération internationale pour contrer ces menaces.

Chapitre 2 : Conflits internationaux et tensions diplomatiques

Les conflits internationaux et les tensions diplomatiques sont des éléments prépondérants dans le paysage politique mondial, influençant les relations entre les nations et la stabilité régionale. Ces situations peuvent émerger pour diverses raisons, telles que des différends territoriaux, des rivalités historiques, des désaccords idéologiques ou des intérêts économiques concurrents. Voici un aperçu des principaux conflits internationaux et des tensions diplomatiques actuelles :

1. Conflit en Ukraine :

Les tensions entre l'Ukraine et la Russie persistent depuis l'annexion de la Crimée par la Russie en 2014. Ce conflit a conduit à des affrontements armés dans l'est de l'Ukraine, alimentant les craintes d'une escalade militaire et provoquant des tensions entre la Russie et les pays occidentaux.

2. Crise en Syrie :

La guerre civile en Syrie, qui a débuté en 2011, a entraîné une intervention de plusieurs acteurs internationaux, notamment la Russie, les États-Unis, la Turquie et l'Iran. Les rivalités entre ces puissances mondiales ont contribué à prolonger le conflit et à aggraver la crise humanitaire dans la région.

3. Contentieux en Mer de Chine Méridionale :

Les revendications territoriales en Mer de Chine Méridionale ont suscité des tensions entre la Chine et plusieurs pays voisins, dont le Vietnam, les Philippines et le Japon. Les affrontements navals et les constructions militaires sur des îles disputées ont exacerbé les craintes d'un conflit régional.

4. Tensions entre les États-Unis et l'Iran :

Les relations entre les États-Unis et l'Iran sont tendues en raison de divergences sur le programme nucléaire iranien, les activités régionales de l'Iran au Moyen-Orient et les sanctions économiques imposées par les États-Unis. Ces tensions ont entraîné des incidents diplomatiques et militaires dans la région.

5. Conflit Israélo-Palestinien :

Le conflit israélo-palestinien reste un point de friction majeur au Moyen-Orient, avec des affrontements sporadiques entre Israël et les groupes militants palestiniens dans la bande de Gaza et en Cisjordanie. Les efforts de médiation internationale pour parvenir à une solution durable ont jusqu'à présent échoué.

6. Crise en Corée :

Les tensions persistantes entre la Corée du Nord et la Corée du Sud, ainsi qu'avec les États-Unis, ont créé une atmosphère d'incertitude et de méfiance dans la péninsule coréenne. Les essais nucléaires et les provocations militaires de la Corée du Nord ont exacerbé les tensions dans la région.

7. Crise au Sahel :

La montée de l'extrémisme violent au Sahel, notamment au Mali, au Niger et au Burkina Faso, a déstabilisé la région et exacerbé les tensions entre les groupes terroristes, les forces gouvernementales et les forces internationales de maintien de la paix. Cette situation a des répercussions sur la sécurité régionale et internationale.

Chapitre 3 : Économie mondiale : tendances, prévisions et impacts

L'économie mondiale est le reflet de l'interconnexion croissante des marchés, des flux commerciaux, des investissements internationaux et des politiques économiques des différents pays. Ce chapitre explore les principales tendances, les prévisions et les impacts sur l'économie mondiale.

1. Tendances Économiques Mondiales :

- Croissance Modérée : Malgré des périodes de croissance soutenue, l'économie mondiale fait face à des ralentissements périodiques, influencés par des facteurs tels que les tensions commerciales, les fluctuations des prix des matières premières et les crises financières.
- Intégration Économique : L'intégration économique entre les nations s'est intensifiée, favorisant le commerce international, les investissements transfrontaliers et la mobilité des travailleurs.
- Transition Numérique : La révolution numérique a transformé les secteurs économiques à l'échelle mondiale, stimulant l'innovation, l'efficacité et la compétitivité, mais créant également des défis liés à l'automatisation et à la disruption des emplois traditionnels.

2. Prévisions Économiques :

- Croissance Modeste : Les prévisions indiquent une croissance économique modérée dans de nombreuses régions du monde, notamment en raison des incertitudes géopolitiques, des tensions commerciales et des conséquences de la pandémie de COVID-19.
- Risques et Volatilité : Les risques économiques tels que les guerres commerciales, les fluctuations des prix des matières premières, les crises financières et les catastrophes naturelles peuvent entraîner une volatilité sur les marchés mondiaux et perturber la croissance économique.

3. Impacts sur l'Économie Mondiale :

- Interdépendance des Marchés : Les événements économiques dans une région peuvent entraîner des répercussions sur les économies du monde entier en raison de l'interconnexion des marchés financiers, des chaînes d'approvisionnement mondiales et des flux commerciaux.
- Défis Environnementaux : Les défis environnementaux tels que le changement climatique, la rareté des ressources naturelles et la dégradation de l'environnement peuvent provoquer des conséquences économiques importantes, notamment sur la productivité, les coûts de production et la santé publique.
- Inégalités Économiques : Les disparités de richesse entre les pays et à l'intérieur des pays sont devenues une préoccupation croissante, alimentant les tensions sociales, politiques et économiques et remettant en question la durabilité de la croissance économique mondiale.

Chapitre 4 : Changements climatiques et leurs conséquences

Les changements climatiques constituent l'un des défis les plus pressants auxquels l'humanité est confrontée au 21e siècle. Ce chapitre explore les origines, les impacts et les mesures d'atténuation des changements climatiques.

1. Origines des Changements Climatiques :

- Activités Humaines : Les activités anthropiques telles que la combustion d'énergies fossiles, la déforestation, l'agriculture intensive et l'industrialisation sont les principales causes des changements climatiques en augmentant les émissions de gaz à effet de serre (GES) dans l'atmosphère.
- Variabilité Naturelle : Bien que les activités humaines exacerbent les changements climatiques, il existe également des cycles naturels de changement climatique, tels que les cycles solaires et les phénomènes climatiques océaniques comme El Niño et La Niña.

2. Impacts des Changements Climatiques :

- Élévation du Niveau de la Mer : La fonte des glaciers et des calottes glaciaires entraîne une élévation du niveau de la mer, menaçant les populations côtières et les écosystèmes marins.
- Perturbations Climatiques Extrêmes : Les changements climatiques se manifestent par des phénomènes météorologiques extrêmes tels que les tempêtes, les inondations, les sécheresses et les vagues de chaleur, qui ont des répercussions dévastatrices sur les communautés et les économies.
- Perte de Biodiversité : Les habitats naturels sont perturbés et les espèces animales et végétales sont menacées par les changements climatiques, entraînant une perte de biodiversité et des dommages écologiques irréversibles.

3. Mesures d'Atténuation des Changements Climatiques :

- Transition Énergétique : La transition vers des sources d'énergie renouvelables telles que le solaire, l'éolien et l'hydroélectricité est essentielle pour réduire les émissions de GES et limiter le réchauffement climatique.
- Politiques Climatiques : Les accords internationaux tels que l'Accord de Paris visent à coordonner les efforts mondiaux pour réduire les émissions de GES et à limiter le réchauffement climatique à moins de 2 degrés Celsius par rapport aux niveaux préindustriels.
- Adaptation aux Changements Climatiques : Les mesures d'adaptation telles que la construction de digues, la gestion des ressources en eau et la promotion de pratiques agricoles durables sont nécessaires pour atténuer les effets des changements climatiques sur les populations vulnérables.

Chapitre 5 : Avancées scientifiques et technologiques

Les avancées scientifiques et technologiques ont considérablement transformé notre monde au cours des dernières décennies. Ce chapitre explore les progrès remarquables dans divers domaines scientifiques et technologiques, ainsi que leurs implications sur la société.

1. Exploration Spatiale :

La conquête de l'espace a atteint de nouveaux sommets avec des missions comme Mars Rover de la NASA, qui a exploré la planète rouge à la recherche de signes de vie passée et présente. Les collaborations internationales, telles que la Station spatiale internationale (ISS), ont permis des découvertes scientifiques révolutionnaires et ouvert de nouvelles perspectives sur l'univers.

2. Intelligence Artificielle (IA) :

L'IA a progressé à pas de géant, propulsée par des algorithmes d'apprentissage automatique et d'apprentissage profond. Des applications d'IA telles que la reconnaissance faciale, la traduction automatique, la conduite autonome et les assistants virtuels ont transformé divers secteurs, de la santé à l'industrie automobile, en révolutionnant la façon dont nous interagissons avec la technologie.

3. Médecine et Santé :

Les avancées médicales, telles que la thérapie génique, la médecine régénérative et la chirurgie assistée par robot, ont révolutionné le traitement des maladies chroniques et des lésions traumatiques. La génomique et la médecine personnalisée ouvrent de nouvelles possibilités pour des traitements ciblés et individualisés.

4. Énergies Renouvelables :

La transition vers les énergies renouvelables, comme l'énergie solaire et éolienne, s'est accélérée, offrant des alternatives durables aux combustibles fossiles et réduisant les émissions de gaz à effet de serre. Les progrès dans le stockage de l'énergie et les réseaux intelligents contribuent à rendre les sources d'énergie renouvelables plus fiables et accessibles.

5. Internet et Connectivité :

L'avènement de la 5G a ouvert la voie à une connectivité ultra-rapide et à une communication instantanée à l'échelle mondiale. L'Internet des objets (IoT) connecte des millions d'appareils intelligents, des voitures aux appareils ménagers, transformant notre façon de travailler, de vivre et de communiquer.

6. Sciences de l'Environnement :

Les avancées dans les sciences de l'environnement, telles que la modélisation climatique, la surveillance satellitaire et la biotechnologie environnementale, sont cruciales pour comprendre et atténuer les effets des changements climatiques et de la dégradation environnementale.

7. Nanotechnologie :

La nanotechnologie a ouvert de nouvelles possibilités dans les domaines de la médecine, de l'électronique, de l'énergie et des matériaux, en permettant la manipulation et la fabrication de structures à l'échelle atomique et moléculaire.

Chapitre 6 : Épidémies et pandémies : état actuel et mesures prises

Les épidémies et pandémies constituent des défis majeurs pour la santé publique mondiale, ayant un impact significatif sur les sociétés, l'économie et la vie quotidienne. Ce chapitre explore l'état actuel des épidémies et pandémies, ainsi que les mesures prises pour y faire face.

1. Situation Actuelle :

Au moment de la rédaction, le monde est confronté à une pandémie de COVID-19, causée par le coronavirus SARS-CoV-2. Cette pandémie a entraîné des millions de cas et de décès dans le monde entier, mettant à rude épreuve les systèmes de santé, les économies et les infrastructures sociales.

2. Réponse Mondiale :

Face à la pandémie de COVID-19, les gouvernements, les organisations internationales et les professionnels de la santé ont lancé une réponse coordonnée à l'échelle mondiale. Cela comprend des mesures telles que les confinements, les restrictions de voyage, la promotion de l'hygiène des mains et le port de masques, ainsi que le déploiement de programmes de vaccination à grande échelle.

3. Vaccination :

La vaccination est devenue un élément crucial de la lutte contre la pandémie de COVID-19. Les vaccins ont été développés et distribués à une vitesse record, mais des défis persistent en termes d'accès équitable aux vaccins dans le monde entier, ainsi que de confiance du public et de désinformation.

4. Variants du Virus :

L'émergence de variants du virus SARS-CoV-2 a soulevé des inquiétudes quant à leur transmissibilité accrue, leur résistance aux vaccins et leur impact sur l'efficacité des mesures de contrôle de la pandémie. Cela souligne l'importance de la surveillance génomique et de l'adaptabilité des stratégies de santé publique.

5. Leçons Apprises :

La pandémie de COVID-19 a mis en lumière les lacunes des systèmes de santé publique et les disparités en matière de santé dans le monde entier. Elle a également souligné l'importance de la préparation aux pandémies, de la coordination internationale et de la solidarité mondiale dans la lutte contre les maladies infectieuses.

6. Autres Épidémies et Pandémies :

Outre la COVID-19, d'autres épidémies et pandémies continuent de poser des défis. Parmi celles-ci, on peut citer la grippe saisonnière, le VIH/SIDA, la tuberculose, le paludisme et les épidémies émergentes telles que le virus Ebola et le Zika.

7. Préparation Future :

Pour faire face aux défis futurs des épidémies et des pandémies, il est essentiel de renforcer les systèmes de santé publique, d'investir dans la recherche médicale et les infrastructures de santé, et de promouvoir la coopération internationale en matière de santé. La surveillance, la prévention, la préparation et la réponse rapides restent des éléments clés de la gestion des crises sanitaires mondiales.

Chapitre 7 : Crises humanitaires et situations d'urgence

Les crises humanitaires et les situations d'urgence sont des événements qui mettent en péril la vie, la sécurité et le bien-être des populations, souvent causés par des conflits armés, des catastrophes naturelles, des épidémies, ou d'autres facteurs. Ce chapitre examine en profondeur ces crises, leurs causes, leurs impacts et les réponses apportées pour y faire face.

1. Causes des Crises Humanitaires :

Les crises humanitaires peuvent être déclenchées par une variété de facteurs, y compris les conflits armés, les catastrophes naturelles telles que les tremblements de terre, les ouragans et les sécheresses, les épidémies de maladies infectieuses, les crises économiques, les déplacements forcés de populations, et les crises environnementales telles que le changement climatique.

2. Impact sur les Populations :

Les crises humanitaires entraînent des conséquences dévastatrices sur les populations touchées, y compris la perte de vies humaines, la destruction des infrastructures vitales telles que les hôpitaux et les écoles, la rupture des services de base tels que l'eau potable et l'assainissement, la famine, la malnutrition, les déplacements forcés, et les traumatismes psychologiques.

3. Réponses Humanitaires :

Face à ces crises, les organisations humanitaires, les gouvernements et les acteurs de la société civile mettent en œuvre des interventions pour fournir une assistance d'urgence aux populations affectées. Cela peut inclure la fourniture de nourriture, d'eau et d'abris d'urgence, les soins médicaux, la protection des droits de l'homme, l'aide psychosociale, et la coordination des secours.

4. Coordination Internationale :

La réponse aux crises humanitaires nécessite souvent une coordination internationale entre les agences humanitaires, les gouvernements nationaux, les organisations internationales telles que les Nations Unies et la Croix-Rouge, les organisations non gouvernementales (ONG) et les acteurs privés. Cette coordination vise à assurer une réponse efficace, efficiente et cohérente.

5. Défis et Obstacles :

Les crises humanitaires sont souvent confrontées à des défis et des obstacles, tels que l'accès restreint aux populations affectées en raison des conflits armés ou des restrictions gouvernementales, les contraintes logistiques dans la fourniture de l'aide, les ressources financières limitées, et les risques pour la sécurité des travailleurs humanitaires.

6. Préparation et Prévention :

Pour atténuer l'impact des crises humanitaires, il est crucial d'investir dans la préparation et la prévention. Cela comprend la mise en place de mécanismes d'alerte précoce, le renforcement des infrastructures de résilience communautaire, la promotion de la réduction des risques de catastrophes, et la résolution des causes profondes des crises telles que les inégalités socio-économiques et les conflits.

7. Importance de l'Aide Humanitaire :

L'aide humanitaire joue un rôle crucial dans la sauvegarde des vies et la protection des droits des populations affectées par les crises humanitaires. En fournissant une assistance d'urgence, en renforçant la résilience des communautés et en plaidant en faveur de la paix et de la justice, l'aide humanitaire contribue à atténuer la souffrance humaine et à promouvoir la dignité et les droits fondamentaux pour tous.

Chapitre 8 : Migrations et mouvements de populations à l'échelle mondiale

Les migrations et les mouvements de populations à l'échelle mondiale sont des phénomènes complexes et multifacettes qui ont des implications profondes sur les sociétés d'origine, de transit et de destination. Ce chapitre explore les causes, les tendances, les défis et les opportunités liés aux migrations contemporaines.

1. Causes des Migrations :

Les migrations sont motivées par une variété de facteurs, notamment les conflits armés, les persécutions, les violations des droits de l'homme, les catastrophes naturelles, les opportunités économiques, le changement climatique, les inégalités socio-économiques, et la recherche de meilleures conditions de vie et de sécurité pour les individus et leurs familles.

2. Tendances Mondiales :

Les tendances migratoires varient selon les régions du monde, mais il existe quelques schémas généraux. Les migrations internationales ont augmenté au cours des dernières décennies, avec une concentration importante de migrants dans les pays développés. Les migrations internes sont également courantes, en particulier dans les pays en développement où les populations rurales migrent vers les centres urbains à la recherche de travail et d'opportunités.

3. Défis pour les Migrants :

Les migrants font souvent face à de nombreux défis tout au long de leur parcours migratoire, y compris les risques pour leur vie et leur sécurité lors des déplacements, la discrimination, l'exploitation, les obstacles juridiques et administratifs à l'intégration dans les sociétés d'accueil, et les défis liés à la santé mentale et physique.

4. Impact sur les Sociétés d'Origine :

Les migrations peuvent avoir des impacts significatifs sur les sociétés d'origine des migrants, y compris la perte de main-d'œuvre qualifiée, le vieillissement de la population, la réduction de la pression démographique, les envois de fonds des migrants, et les changements sociaux et culturels résultant de la diaspora.

5. Impact sur les Sociétés de Destination :

Les migrations peuvent également entraîner des conséquences importantes sur les sociétés de destination, y compris la diversification culturelle, la contribution à la main-d'œuvre et à l'économie, les défis liés à l'intégration sociale et économique des migrants, et les tensions sociales et politiques autour de la question de l'immigration.

6. Gestion des Migrations :

La gestion des migrations est un défi complexe pour les gouvernements et les organisations internationales. Les politiques migratoires varient selon les pays et peuvent inclure des mesures telles que les contrôles aux frontières, les quotas d'immigration, les programmes d'intégration des migrants, la protection des droits des migrants, et la coopération internationale pour une gestion efficace des migrations.

7. Opportunités et Bénéfices :

Malgré les défis associés aux migrations, celles-ci offrent également des opportunités et des bénéfices pour les individus et les sociétés. Les migrations peuvent stimuler la croissance économique, favoriser l'innovation et la diversité culturelle, renforcer les liens transnationaux et favoriser la coopération internationale.

Chapitre 9 : Terrorisme et sécurité internationale

Le terrorisme est devenu l'une des principales menaces pour la sécurité internationale au cours des dernières décennies. Ce chapitre explore les origines, les manifestations, les conséquences et les stratégies de lutte contre le terrorisme à l'échelle mondiale.

1. Origines du Terrorisme :

Le terrorisme trouve ses racines dans une combinaison complexe de facteurs, y compris les idéologies extrémistes, les conflits ethniques et religieux, les injustices socio-économiques, les aspirations politiques, et les crises identitaires. Les groupes terroristes exploitent souvent ces facteurs pour recruter des membres et justifier leurs actions violentes.

2. Manifestations du Terrorisme :

Le terrorisme prend de nombreuses formes, allant des attaques armées et des attentats-suicides aux attaques cybernétiques et aux actes de sabotage. Les cibles peuvent être variées, notamment les civils, les institutions gouvernementales, les installations militaires, les infrastructures critiques, les symboles religieux et culturels, et les intérêts étrangers.

3. Conséquences du Terrorisme :

Les conséquences du terrorisme sont dévastatrices, tant sur le plan humain que socio-économique. Les attaques terroristes entraînent la perte de vies humaines, des blessures graves, des traumatismes psychologiques, la destruction de biens et d'infrastructures, la perturbation des économies locales et mondiales, et la propagation de la peur et de l'incertitude.

4. Réponses Internationales :

La lutte contre le terrorisme est devenue une priorité majeure pour la communauté internationale, et de nombreuses organisations et alliances internationales ont été créées pour coordonner les efforts de lutte contre le terrorisme. Ces efforts comprennent la coopération policière et judiciaire, le partage de renseignements, les opérations militaires conjointes, les sanctions économiques, et les programmes de prévention de la radicalisation et de réhabilitation des terroristes.

5. Stratégies de Lutte contre le Terrorisme :

Les stratégies de lutte contre le terrorisme sont variées et multifacettes, et comprennent des mesures préventives, répressives et de récupération. Celles-ci incluent la surveillance et la sécurité renforcées, la promotion des droits de l'homme et de l'état de droit, la lutte contre le financement du terrorisme, la promotion du dialogue interculturel et interreligieux, et le renforcement de la résilience des communautés.

6. Défis et Limitations :

La lutte contre le terrorisme est confrontée à de nombreux défis et limitations, notamment la difficulté à prévenir les attaques terroristes avant qu'elles ne se produisent, la complexité des réseaux terroristes mondiaux, les obstacles juridiques et politiques à la coopération internationale, et les risques de violations des droits de l'homme dans le cadre des mesures antiterroristes.

7. Perspectives Futures :

Alors que le terrorisme continue d'évoluer et de s'adapter aux nouvelles réalités politiques, sociales et technologiques, il est essentiel de rester vigilant et de continuer à développer des stratégies de lutte contre le terrorisme efficaces et adaptées aux défis contemporains. Cela nécessite une approche holistique et coordonnée, ainsi qu'un engagement continu de la part de la communauté internationale.

Chapitre 10 : Relations internationales : alliances, accords et désaccords

Les relations internationales sont au cœur de la diplomatie mondiale, façonnant les interactions entre les nations, les alliances et les désaccords. Ce chapitre explore les dynamiques des relations internationales, mettant en lumière les alliances stratégiques, les accords bilatéraux et multilatéraux, ainsi que les tensions et les conflits qui peuvent surgir entre les États.

1. Alliances Stratégiques :

Les alliances stratégiques sont des partenariats formels ou informels entre les États, visant à promouvoir des intérêts communs en matière de sécurité, de politique étrangère, d'économie ou d'autres domaines. Des alliances historiques telles que l'OTAN (Organisation du Traité de l'Atlantique Nord) et l'Union européenne, ainsi que des alliances régionales comme l'ASEAN (Association des nations de l'Asie du Sud-Est), jouent un rôle crucial dans la stabilité et la sécurité mondiale.

2. Accords Bilatéraux :

Les accords bilatéraux sont des accords conclus entre deux États, régissant divers aspects des relations entre eux, tels que le commerce, la sécurité, les droits de l'homme, l'environnement et la coopération scientifique. Ces accords peuvent renforcer les liens diplomatiques entre les pays et favoriser la résolution des différends par le dialogue et la négociation.

3. Accords Multilatéraux :

Les accords multilatéraux impliquent la participation de plusieurs États et sont souvent négociés dans le cadre d'organisations internationales telles que l'ONU (Organisation des Nations unies) et l'OMC (Organisation mondiale du commerce). Ces accords couvrent une gamme de domaines, y compris le désarmement, les droits de l'homme, le développement durable, et le changement climatique.

4. Tensions et Conflits :

Malgré les efforts pour promouvoir la coopération internationale, les tensions et les conflits persistent dans de nombreuses régions du monde. Les désaccords territoriaux, les rivalités politiques, les différends commerciaux, les tensions ethniques et religieuses, et les compétitions géostratégiques peuvent contribuer à l'instabilité régionale et mondiale.

5. Médiation et Diplomatie :

La médiation et la diplomatie jouent un rôle crucial dans la résolution des différends internationaux et la promotion de la paix et de la sécurité. Les organisations internationales, les médiateurs neutres et les diplomates de carrière œuvrent souvent en coulisses pour faciliter le dialogue et la négociation entre les parties en conflit.

6. Coopération et Solidarité :

En dépit des tensions et des conflits, de nombreux exemples de coopération et de solidarité entre les nations existent, notamment dans le domaine de l'aide humanitaire, du développement économique, de la recherche scientifique, et de la lutte contre les pandémies et les crises humanitaires.

7. Perspectives Futures :

L'avenir des relations internationales dépendra en grande partie de la capacité des États à surmonter leurs différences et à coopérer pour relever les défis mondiaux. La diplomatie, le dialogue et le respect du droit international seront essentiels pour bâtir un monde plus pacifique, prospère et durable pour les générations futures.

Chapitre 11 : Événements sportifs mondiaux et performances des athlètes

Les événements sportifs mondiaux sont des moments de célébration, de compétition et d'unité, rassemblant des athlètes du monde entier pour rivaliser à des niveaux exceptionnels de compétence et de détermination. Ces événements captivent les spectateurs, génèrent un intérêt mondial et laissent souvent un héritage durable dans les domaines du sport, de la culture et de l'économie.

Les Grandes Manifestations Sportives :

Les Jeux Olympiques, la Coupe du Monde de la FIFA, les Championnats du Monde d'Athlétisme et d'autres compétitions majeures attirent des millions de téléspectateurs et suscitent une passion indéfectible pour le sport. Ces événements mettent en lumière le talent exceptionnel des athlètes et favorisent le dépassement de soi.

Performances Exceptionnelles :

Les performances des athlètes lors de ces événements captivent l'imagination du public. Des moments historiques, comme les records du monde battus, les épreuves remportées de manière spectaculaire et les retournements de situation inattendus, restent gravés dans la mémoire collective.

Impact Social et Culturel :

Les événements sportifs mondiaux ont un impact profond sur la société et la culture. Ils favorisent l'inclusion, renforcent le sentiment d'appartenance nationale et favorisent le respect interculturel. De plus, ces événements offrent une plateforme mondiale pour aborder des questions sociales importantes telles que l'égalité des genres et les droits de l'homme.

Héritage et Développement :

Les villes hôtes investissent massivement dans l'infrastructure sportive et touristique pour accueillir ces événements. Cela peut laisser un héritage durable, améliorant les installations sportives locales, stimulant le tourisme et favorisant le développement économique.

Défis et Controverses :

Cependant, les événements sportifs mondiaux ne sont pas sans controverse. Des questions telles que la corruption, le dopage, les droits de l'homme et l'exploitation sont souvent soulevées. Les organisateurs doivent relever ces défis pour garantir des compétitions équitables et transparentes.

Chapitre 12 : politiques, réformes et innovations dans le monde entier

Les politiques, réformes et innovations jouent un rôle crucial dans le façonnement du monde moderne. Ils influencent les gouvernements, les économies et les sociétés à l'échelle mondiale, affectant directement la vie quotidienne des individus. Ce chapitre explore les tendances, les défis et les avancées dans ce domaine à travers le monde.

Tendances Politiques Mondiales :

Les tendances politiques mondiales reflètent une diversité d'idéologies, de systèmes politiques et de mouvements sociaux. Les démocraties, les régimes autoritaires, les monarchies et les systèmes hybrides coexistent, chacun avec ses propres défis et opportunités.

Réformes Politiques :

Les réformes politiques visent souvent à promouvoir la démocratie, l'état de droit, les droits de l'homme et la gouvernance transparente. Cependant, leur mise en œuvre peut être entravée par la corruption, les conflits d'intérêts et les divisions politiques.

Innovations Politiques :

Les innovations politiques intègrent souvent la technologie pour améliorer l'engagement citoyen, renforcer la transparence et accroître l'efficacité gouvernementale. Des initiatives telles que l'e-gouvernement, les plateformes de participation citoyenne en ligne et les applications de suivi des politiques transforment la manière dont les gouvernements interagissent avec leurs citoyens.

Défis Mondiaux :

Les défis politiques mondiaux comprennent la montée du populisme, la polarisation politique, les menaces pour la démocratie, la montée de l'extrémisme politique et la prolifération des fausses informations. Ces défis mettent en lumière la nécessité de renforcer les institutions démocratiques et les valeurs fondamentales de la société.

Réformes Économiques :

Les réformes économiques visent à promouvoir la croissance économique, l'innovation, la compétitivité et l'inclusion sociale. Des politiques telles que la libéralisation des marchés, la réduction des barrières commerciales et la promotion de l'entrepreneuriat stimulent le développement économique dans de nombreux pays.

Innovations Économiques :

Les innovations économiques comprennent l'essor de l'économie numérique, la transition vers les énergies renouvelables, l'adoption de technologies de pointe dans l'industrie et les modèles commerciaux alternatifs tels que l'économie circulaire et l'économie de partage.

Chapitre 13 : Culture populaire mondiale : tendances dans la musique, le cinéma, la mode, etc.

La culture populaire mondiale joue un rôle essentiel dans la création de liens entre les peuples, la diffusion des idées et l'expression de l'identité individuelle et collective. Ce chapitre explore les tendances actuelles dans la musique, le cinéma, la mode et d'autres formes d'expression culturelle à travers le monde.

Musique :

La musique reste l'une des formes d'expression culturelle les plus influentes à l'échelle mondiale. Des genres tels que le pop, le hip-hop, la musique électronique et le reggaeton continuent de dominer les charts internationaux. De plus, les plateformes de streaming en ligne ont révolutionné la façon dont la musique est consommée et distribuée, permettant aux artistes émergents de se faire connaître mondialement.

Cinéma :

Le cinéma mondial continue de captiver les spectateurs avec une diversité de films, des superproductions hollywoodiennes aux films d'auteur internationaux. Les festivals de cinéma tels que Cannes, Sundance et Venise offrent une plateforme pour mettre en lumière les talents émergents et les histoires innovantes. De plus, la montée des plateformes de streaming a changé la façon dont les gens accèdent au contenu cinématographique, favorisant une plus grande diversité et accessibilité.

Mode :

La mode est un reflet de la culture et de l'identité, et les tendances de la mode mondiale évoluent constamment. Des marques de luxe aux créateurs indépendants, la mode est devenue un domaine où les frontières culturelles s'estompent et où l'expression individuelle est célébrée. Les réseaux sociaux et les influenceurs jouent un rôle croissant dans la diffusion des tendances de la mode et dans la redéfinition des normes de beauté et de style.

Arts Visuels :

Les arts visuels englobent une gamme d'expressions artistiques, y compris la peinture, la sculpture, la photographie et l'art numérique. Les galeries d'art contemporain du monde entier mettent en avant des artistes émergents et des œuvres novatrices qui défient les conventions et interrogent les perceptions. En outre, les médias sociaux offrent une plateforme pour les artistes de partager leur travail avec un public mondial.

Chapitre 14 : Développements dans l'espace et l'exploration spatiale.

L'exploration spatiale continue de captiver l'humanité avec des développements innovants et des découvertes révolutionnaires. Ce chapitre explore les progrès récents dans le domaine de l'espace, y compris les missions spatiales, l'exploration planétaire, les avancées technologiques et les implications pour l'avenir de l'humanité dans l'espace.

Missions Spatiales :

Les agences spatiales du monde entier, telles que la NASA, l'ESA, SpaceX et d'autres, poursuivent des missions spatiales ambitieuses. Ces missions comprennent l'exploration de Mars, la collecte d'échantillons d'astéroïdes, l'observation de la Terre et l'étude des phénomènes cosmiques. Les progrès dans la propulsion spatiale et les véhicules spatiaux réutilisables ont réduit les coûts et accru l'accessibilité à l'espace.

Exploration Planétaire :

L'exploration planétaire a connu des avancées significatives avec des missions telles que Mars Rover Persévérance, qui étudie la géologie et la possibilité de vie sur Mars. De plus, des missions vers d'autres corps célestes, tels que la lune de Jupiter, Europe, et le retour d'échantillons de la comète, ont ouvert de nouvelles perspectives sur la diversité de notre système solaire.

Avancées Technologiques :

Les avancées technologiques ont révolutionné l'exploration spatiale. Les innovations telles que l'intelligence artificielle, l'impression 3D, les satellites miniatures et les propulseurs ioniques améliorent les capacités des missions spatiales et ouvrent de nouvelles possibilités pour l'exploration et l'exploitation des ressources spatiales.

Implications pour l'Avenir :

L'exploration spatiale offre des opportunités considérables pour l'avenir de l'humanité. Des initiatives telles que l'établissement de colonies sur la lune et Mars, l'exploitation des ressources spatiales, telles que les minéraux et l'eau, et la recherche de planètes habitables dans d'autres systèmes solaires pourraient façonner le futur de la civilisation humaine.

Environnement Spatial :

Cependant, l'exploration spatiale présente également des défis uniques, notamment la pollution spatiale, les débris orbitaux et les risques pour la santé des astronautes. La durabilité et la gestion responsable de l'environnement spatial sont essentielles pour assurer la viabilité à long terme de l'exploration spatiale.

Chapitre 15 : Évolutions dans le domaine de la santé et de la médecine

La santé et la médecine ont connu des évolutions considérables au fil du temps, avec des avancées significatives dans la compréhension des maladies, les traitements médicaux et les technologies de soins de santé. Ce chapitre examine les développements récents dans le domaine de la santé et de la médecine, mettant en lumière les progrès, les défis et les implications pour l'avenir de la santé humaine.

Avancées Médicales :

Les avancées médicales ont révolutionné la manière dont les maladies sont diagnostiquées et traitées. Des technologies telles que l'imagerie médicale avancée, la génomique et la thérapie génique ont permis des diagnostics plus précis et des traitements personnalisés pour un large éventail de maladies, allant du cancer aux maladies génétiques rares.

Médecine Préventive :

La médecine préventive gagne en importance, avec un accent accru sur la promotion de modes de vie sains, la vaccination, le dépistage précoce des maladies et la gestion des facteurs de risque. Des initiatives telles que la santé numérique et les applications de suivi de la santé permettent aux individus de prendre en charge leur bien-être et de prévenir les maladies.

Soins de Santé Connectés :

Les technologies numériques transforment les soins de santé, facilitant l'accès aux soins à distance, la télémédecine, les dossiers médicaux électroniques et les applications de santé mobiles. Ces innovations améliorent l'efficacité des soins de santé, réduisent les coûts et permettent une meilleure coordination des soins entre les professionnels de la santé.

Intégration de l'IA et de la Robotique :

L'intelligence artificielle (IA) et la robotique sont de plus en plus intégrées dans la pratique médicale, permettant des diagnostics plus rapides et précis, des interventions chirurgicales assistées par robot, et des soins personnalisés basés sur des données massives de santé.

Défis et Questions Éthiques :

Cependant, l'évolution rapide de la technologie médicale soulève également des défis éthiques et juridiques, notamment en matière de confidentialité des données de santé, de responsabilité médicale et d'accès équitable aux soins de santé avancés.

Inégalités en Santé :

Les inégalités en matière de santé persistent, avec des disparités dans l'accès aux soins de santé, les résultats de santé et la qualité des soins entre les populations et les régions du monde. Des efforts sont nécessaires pour garantir une distribution équitable des progrès médicaux et une accessibilité universelle aux soins de santé de qualité.

Perspectives Futures :

À l'avenir, la médecine personnalisée, la médecine régénérative, les thérapies cellulaires et la médecine de précision devraient jouer un rôle de plus en plus important dans la lutte contre les maladies et dans la promotion de la santé humaine.

Conclusion :

Les évolutions dans le domaine de la santé et de la médecine offrent des opportunités sans précédent pour améliorer la santé et le bien-être de l'humanité. En combinant les avancées technologiques avec un engagement envers l'équité en santé et une approche centrée sur le patient, nous pouvons construire un avenir où chacun peut vivre une vie saine et épanouissante.

Chapitre 16 : Nouvelles technologies et leur impact sur la société

Les nouvelles technologies ont profondément remodelé nos sociétés à travers le monde, transformant la façon dont nous communiquons, travaillons, interagissons et vivons au quotidien. Ce chapitre explore les différentes technologies émergentes et leur impact sur divers aspects de la société moderne.

Révolution Numérique :

La révolution numérique a été le moteur principal des changements sociaux à grande échelle. L'avènement d'Internet, des réseaux sociaux, des smartphones et des applications a permis une connectivité sans précédent, facilitant la **communication instantanée et la diffusion d'informations à l'échelle mondiale.**

Transformation des Entreprises :

Les entreprises ont dû s'adapter aux nouvelles technologies pour rester compétitives. Le commerce électronique a redéfini la manière dont les biens et services sont achetés et vendus, tandis que l'automatisation et l'intelligence artificielle ont révolutionné les processus de production et de prestation de services.

Impact sur l'Emploi :

L'automatisation croissante a suscité des inquiétudes quant à l'avenir de l'emploi. Alors que de nouveaux emplois émergent dans des domaines tels que la technologie de l'information, la programmation et l'analyse de données, certains emplois traditionnels sont menacés par l'obsolescence.

Changements dans l'Éducation :

Les nouvelles technologies ont également eu un impact sur l'éducation, avec l'avènement de l'apprentissage en ligne, des cours massifs en ligne ouverts (MOOC) et des ressources éducatives numériques. Cela a ouvert de nouvelles opportunités d'apprentissage pour les personnes du monde entier, mais a également soulevé des questions sur l'équité en matière d'accès à l'éducation.

Santé et Bien-être :

Les progrès technologiques ont révolutionné le secteur de la santé, avec des applications de télémédecine, des dispositifs de suivi de la santé et des technologies portables qui permettent aux individus de surveiller leur santé et leur bien-être de manière proactive. Cependant, cela soulève des préoccupations concernant la confidentialité des données de santé et l'accès équitable aux soins de santé.

Défis et Préoccupations :

Malgré les nombreux avantages des nouvelles technologies, il existe également des défis et des préoccupations. Ces technologies peuvent aggraver les inégalités sociales, compromettre la vie privée et la sécurité des données, et avoir des effets néfastes sur la santé mentale, notamment en favorisant la dépendance aux écrans et en contribuant à l'isolement social.

Responsabilité et Réglementation :

Il est essentiel d'établir des politiques et des réglementations appropriées pour encadrer l'utilisation des nouvelles technologies et atténuer leurs effets négatifs. Cela nécessite une collaboration entre les gouvernements, les entreprises, les organismes de réglementation et la société civile pour garantir que les technologies émergentes sont utilisées de manière responsable et éthique.

Perspectives Futures :

À l'avenir, les nouvelles technologies continueront d'évoluer rapidement, ouvrant de nouvelles possibilités et défis pour la société. Il est crucial de s'engager dans un dialogue ouvert et inclusif sur la manière de façonner l'avenir de la technologie pour répondre aux besoins et aux valeurs de la société dans son ensemble.

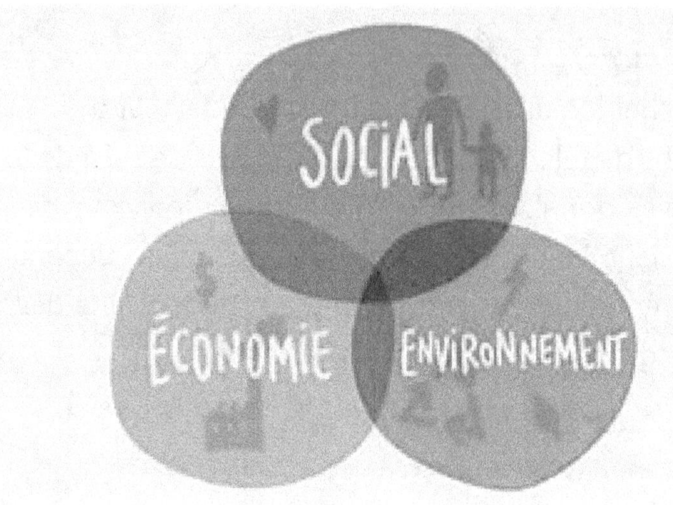

SOCIAL
ÉCONOMIE
ENVIRONNEMENT

Chapitre 17 : Questions environnementales : déforestation, pollution, conservation, etc.

Les questions environnementales sont parmi les défis les plus pressants auxquels l'humanité est confrontée aujourd'hui. Ce chapitre examine en profondeur les principales problématiques environnementales, leurs causes, leurs conséquences et les efforts déployés pour les résoudre.

1. Déforestation :

La déforestation est un problème majeur qui entraîne la perte de biodiversité, la dégradation des écosystèmes et la contribution au changement climatique. Les principales causes de la déforestation comprennent l'expansion agricole, l'exploitation forestière non durable, l'urbanisation et l'infrastructure.

2. Pollution de l'Air :

La pollution de l'air résulte des émissions de polluants atmosphériques provenant de diverses sources telles que les véhicules, les centrales électriques, les industries et les activités agricoles. Cela entraîne des problèmes de santé graves, y compris des maladies respiratoires, cardiovasculaires et même le décès prématuré.

3. Pollution de l'Eau :

La pollution de l'eau est causée par le rejet de substances toxiques, de déchets et de contaminants dans les cours d'eau, les lacs, les océans et les nappes phréatiques. Cela affecte non seulement la santé humaine, mais aussi la faune aquatique et les écosystèmes marins.

4. Changement Climatique :

Le changement climatique est provoqué par l'accumulation de gaz à effet de serre dans l'atmosphère, principalement due à la combustion de combustibles fossiles et à la déforestation. Cela entraîne une augmentation des températures mondiales, des événements météorologiques extrêmes, la fonte des glaciers et la montée du niveau de la mer.

5. Perte de Biodiversité :

La perte de biodiversité est causée par la destruction des habitats naturels, la surexploitation des ressources naturelles, l'introduction d'espèces envahissantes et le changement climatique. Cela a des implications graves pour la stabilité des écosystèmes, la sécurité alimentaire et la santé humaine.

6. Conservation de la Nature :

La conservation de la nature vise à protéger et à restaurer les écosystèmes terrestres et marins, ainsi que la biodiversité qui les habite. Cela implique la création de réserves naturelles, la mise en œuvre de pratiques de gestion durable des terres et la sensibilisation du public à l'importance de la conservation.

7. Énergies Renouvelables :

Les énergies renouvelables telles que l'énergie solaire, éolienne, hydraulique et géothermique offrent des alternatives propres et durables aux combustibles fossiles. L'adoption de ces sources d'énergie peut contribuer à réduire les émissions de gaz à effet de serre et à atténuer les effets du changement climatique.

8. Gestion des Déchets :

La gestion des déchets est essentielle pour réduire la pollution de l'environnement. Cela comprend la réduction à la source, le recyclage, la réutilisation, le compostage et l'élimination sûre des déchets, afin de minimiser leur impact sur les écosystèmes et la santé humaine.

9. Sensibilisation et Éducation :

La sensibilisation et l'éducation du public sont cruciales pour promouvoir des comportements respectueux de l'environnement. Cela implique de fournir des informations sur les problématiques environnementales, d'encourager les comportements durables et de mobiliser le soutien en faveur de mesures de protection de l'environnement.

10. Collaboration Internationale :

La résolution des problèmes environnementaux exige une collaboration internationale et des efforts coordonnés entre les gouvernements, les organisations internationales, le secteur privé, la société civile et les individus. Les accords internationaux tels que l'Accord de Paris sur le climat sont cruciaux pour relever les défis environnementaux à l'échelle mondiale.

En conclusion, les questions environnementales sont complexes et interconnectées, nécessitant des solutions intégrées et holistiques. Il est essentiel de prendre des mesures immédiates et décisive

Chapitre 18 : Débats politiques et sociaux dans différents pays

Les débats politiques et sociaux varient d'un pays à l'autre en fonction de facteurs tels que l'histoire, la culture, l'économie et les valeurs sociétales. Dans ce chapitre, nous explorerons les principaux sujets de débat dans différents pays à travers le monde, ainsi que les opinions divergentes qui façonnent ces discussions.

1. États-Unis :

Aux États-Unis, les débats politiques et sociaux portent souvent sur des questions telles que la politique économique, les droits civils, la santé, l'immigration et le contrôle des armes à feu. Les divisions politiques entre les démocrates et les républicains sont profondes, avec des désaccords persistants sur des questions clés telles que la santé, le changement climatique et l'immigration.

2. Chine :

En Chine, les débats politiques sont largement contrôlés par le gouvernement, mais des discussions sur des sujets tels que les droits de l'homme, la liberté d'expression et la démocratie émergent sporadiquement. Les questions sociales comprennent la pollution, les inégalités économiques et les tensions ethniques dans les régions comme le Xinjiang et le Tibet.

3. Russie :

En Russie, les débats politiques sont souvent centrés sur le pouvoir du président, la liberté d'expression et les droits de l'homme. Les sujets de préoccupation comprennent également la corruption, l'économie et les relations étrangères, en particulier avec l'Ukraine et les pays occidentaux.

4. Inde :

En Inde, les débats politiques portent sur une gamme de questions, notamment la religion, la caste, l'économie, l'éducation et les droits des minorités. Des tensions religieuses et ethniques persistent, ainsi que des préoccupations concernant l'égalité des sexes, la corruption et le développement économique inégal.

5. Brésil :

Au Brésil, les débats politiques et sociaux sont souvent polarisés, en particulier autour du président en exercice et de ses politiques. Les questions telles que la déforestation de l'Amazonie, les droits des peuples autochtones, la corruption et la violence policière sont au centre des préoccupations.

6. France :

En France, les débats politiques portent sur des questions telles que l'immigration, l'identité nationale, le chômage, l'éducation et le système de santé. Les manifestations et les grèves sont courantes en réponse aux politiques gouvernementales, et les divisions politiques persistent entre la gauche et la droite.

7. Allemagne :

En Allemagne, les débats politiques se concentrent sur des questions telles que l'immigration, l'intégration des migrants, le changement climatique, l'énergie et l'Europe. Les tensions politiques ont augmenté en raison de la montée de l'extrême droite et des préoccupations concernant la montée du nationalisme.

8. Japon :

Au Japon, les débats politiques portent sur des questions telles que l'économie, la sécurité, les relations étrangères et l'environnement. Des préoccupations persistent concernant la stagnation économique, le vieillissement de la population et les tensions régionales avec la Corée du Nord et la Chine.

9. Royaume-Uni :

Au Royaume-Uni, les débats politiques sont dominés par le Brexit et ses implications économiques, politiques et sociales. D'autres questions de préoccupation comprennent l'austérité, les inégalités, le système de santé et l'environnement.

10. Afrique du Sud :

En Afrique du Sud, les débats politiques portent sur des questions telles que la corruption, les inégalités économiques, la redistribution des terres et les droits des minorités. Les tensions raciales et ethniques persistent, ainsi que les préoccupations concernant la criminalité et la sécurité.

Dans chaque pays, les débats politiques et sociaux reflètent les préoccupations, les priorités et les valeurs uniques de la société. Alors que certains sujets peuvent être spécifiques à un pays donné, d'autres sont des défis mondiaux qui nécessitent une coopération internationale pour être résolus. La compréhension de ces débats et des différentes perspectives qui les sous-tendent est essentielle pour saisir les enjeux contemporains auxquels le monde est confronté.

Chapitre 19 : Mouvements sociaux et protestations à l'échelle mondiale

Les mouvements sociaux et les protestations sont des manifestations de la voix collective des citoyens à travers le monde, exprimant leur désir de changement, de justice sociale et de droits fondamentaux. Dans ce chapitre, nous explorerons les différents mouvements sociaux et protestations qui ont émergé à l'échelle mondiale, ainsi que leurs causes, leurs impacts et leurs défis.

Contexte Historique :

Les mouvements sociaux ont une longue histoire, remontant à des siècles de luttes pour les droits civils, les droits des femmes, les droits des travailleurs et d'autres formes de justice sociale. Au fil du temps, ces mouvements ont évolué pour inclure une gamme plus large de questions, notamment l'environnement, les droits des LGBTQ+, l'égalité raciale et la démocratie.

Causes des Mouvements Sociaux :

Les mouvements sociaux émergent souvent en réponse à des injustices perçues, des inégalités sociales, des violations des droits de l'homme, des crises économiques ou politiques, ou des préoccupations environnementales. Les médias sociaux et les communications numériques ont également joué un rôle important en facilitant la mobilisation et l'organisation rapide des protestations à l'échelle mondiale.

Exemples de Mouvements Sociaux et Protestations :

1. **Mouvement Black Lives Matter (BLM) :** Né aux États-Unis en réponse à la brutalité policière contre les Afro-Américains, le mouvement BLM s'est rapidement répandu dans le monde entier, mettant en lumière les injustices raciales et appelant à des réformes systémiques.

2. **Marche pour le Climat :** Initiée par la militante suédoise Greta Thunberg, la marche pour le climat est devenue un mouvement mondial, mobilisant des millions de personnes pour exiger des mesures urgentes contre le changement climatique.

3. **Printemps Arabe :** Déclenché par la révolution tunisienne en 2010, le Printemps Arabe a vu des manifestations massives et des soulèvements populaires à travers le Moyen-Orient et l'Afrique du Nord, appelant à des réformes politiques, économiques et sociales.

4. **Mouvement #MeToo :** Lancé en 2017 en réponse aux révélations d'agressions sexuelles et de harcèlement sexuel dans l'industrie du divertissement, le mouvement #MeToo a incité des millions de femmes à partager leurs expériences et à demander la responsabilité des agresseurs.

5. **Manifestations pour les Droits des Indigènes :** À travers le monde, les peuples autochtones ont mené des manifestations pour revendiquer leurs droits territoriaux, leur autonomie culturelle et leur protection environnementale contre l'exploitation des ressources naturelles.

Impacts des Mouvements Sociaux :

Les mouvements sociaux ont souvent conduit à des changements significatifs dans les politiques gouvernementales, les lois, les normes sociales et la sensibilisation du public. Ils ont également contribué à faire avancer les droits de l'homme, l'égalité des sexes, la justice environnementale et d'autres causes importantes.

Défis et Réponses :

Les mouvements sociaux font face à des défis tels que la répression gouvernementale, la désinformation, la division sociale, le manque de soutien politique et la cooptation commerciale. Pour surmonter ces défis, les activistes ont utilisé des stratégies telles que la résistance non violente, la solidarité internationale, le lobbying politique et le plaidoyer auprès des médias.

Conclusion :

Les mouvements sociaux et les protestations jouent un rôle crucial dans la promotion du changement social et politique à l'échelle mondiale. En donnant une voix aux voix marginalisées, en défiant les structures de pouvoir établies et en sensibilisant le public, ces mouvements continuent d'influencer les sociétés et de façonner l'avenir de notre monde. Il est essentiel de reconnaître et de soutenir ces mouvements en tant qu'agents de transformation positive et de justice sociale.

Chapitre 20 : Élections et changements politiques dans divers pays

Les élections et les changements politiques sont des événements majeurs qui façonnent le paysage politique dans le monde entier. Dans ce chapitre, nous examinerons l'importance des élections, les différents systèmes électoraux, ainsi que les changements politiques qui en résultent dans divers pays.

Importance des Élections :

Les élections sont le fondement de la démocratie moderne, permettant aux citoyens de choisir leurs représentants et de participer au processus décisionnel. Elles offrent également une occasion de rendre les gouvernements responsables de leurs actions, de promouvoir la stabilité politique et de garantir la légitimité des dirigeants élus.

Systèmes Électoraux :

Il existe différents systèmes électoraux utilisés à travers le monde, notamment le scrutin majoritaire, le scrutin proportionnel, le système à deux tours et le système mixte. Chaque système a ses avantages et ses inconvénients en termes de représentativité, de stabilité gouvernementale et de diversité politique.

Élections Présidentielles :

Dans de nombreux pays, les élections présidentielles revêtent une importance particulière en raison du pouvoir exécutif détenu par le président. Ces élections sont souvent marquées par des campagnes politiques intenses, des débats publics et des scrutins hautement médiatisés.

Élections Législatives :

Les élections législatives déterminent la composition des organes législatifs, tels que les parlements ou les congrès. Elles sont cruciales pour la formation du gouvernement, l'adoption de lois et la représentation des divers intérêts politiques et sociaux.

Changements Politiques :

Les élections peuvent entraîner des changements politiques majeurs, y compris des changements de gouvernement, des réformes politiques et des transformations sociales. Ces changements peuvent être le résultat d'un mécontentement public, de pressions internationales ou de mouvements politiques organisés.

Exemples de Changements Politiques :

1. **Élection de Nouveaux Dirigeants :** Les élections présidentielles et législatives peuvent conduire à l'élection de nouveaux dirigeants et à la formation de nouveaux gouvernements, comme cela s'est produit lors des élections aux États-Unis en 2020 avec l'élection de Joe Biden.

2. **Réformes Constitutionnelles :** Certaines élections peuvent être accompagnées de réformes constitutionnelles, telles que des changements dans les systèmes électoraux, les droits de l'homme ou la structure du gouvernement.

3. **Transition Démocratique :** Dans de nombreux pays, les élections sont un moyen de transitionner vers la démocratie après des années de dictature ou de régimes autoritaires, comme cela s'est produit lors des élections en Afrique du Sud après la fin de l'apartheid.

4. **Révolutions et Soulèvements Populaires :** Des élections contestées ou des fraudes électorales peuvent déclencher des révolutions et des soulèvements populaires, comme cela s'est produit lors du Printemps Arabe en 2010.

Défis et Enjeux :

Les élections peuvent également être confrontées à des défis tels que la fraude électorale, la désinformation, la corruption politique et la violence électorale. Il est essentiel de garantir des élections libres, justes et transparentes pour assurer la légitimité des résultats et la stabilité politique.

Conclusion :

Les élections et les changements politiques sont des éléments essentiels de la vie démocratique, offrant aux citoyens la possibilité de participer à la gouvernance de leur pays. En comprenant les processus électoraux et les conséquences des changements politiques, nous pouvons mieux apprécier l'importance de la démocratie et de la participation civique dans le monde d'aujourd'hui.

LE CHANGEMENT
C'EST QUAND ?

Le Change Management
Comment accompagner le changement en entreprise ?
CHANGEMENT

Chapitre 21 : Crises économiques et financières mondiales

Les crises économiques et financières mondiales sont des événements majeurs qui ont un impact profond sur l'économie mondiale, les marchés financiers et la vie quotidienne des gens à travers le monde. Dans ce chapitre, nous examinerons les causes, les conséquences et les leçons tirées des crises économiques et financières mondiales les plus importantes de l'histoire récente.

Causes des Crises Économiques et Financières :

1. **Spéculation Excessive :** La spéculation excessive sur les marchés financiers peut conduire à des bulles spéculatives et à des effondrements soudains des prix d'actifs, comme cela s'est produit lors de la crise des subprimes en 2008.

2. **Déséquilibres Économiques :** Les déséquilibres économiques, tels que des déficits commerciaux massifs ou une dette publique élevée, peuvent fragiliser les économies nationales et déclencher des crises financières.

3. **Régulation Inadéquate :** Un manque de régulation et de supervision adéquates du secteur financier peut permettre l'émergence de pratiques risquées et de comportements frauduleux, exacerbant les crises financières.

4. **Crédit Facile :** L'octroi de crédits excessivement facile par les institutions financières peut entraîner une accumulation de dettes insoutenables et conduire à des crises de surendettement.

Conséquences des Crises Économiques et Financières :

1. **Récession Économique :** Les crises économiques sont souvent accompagnées d'une récession économique, caractérisée par une baisse de la production économique, une augmentation du chômage et une diminution des investissements.

2. **Effondrement des Marchés Financiers :** Les crises financières peuvent provoquer un effondrement des marchés financiers, entraînant des pertes massives pour les investisseurs et des crises de liquidité pour les institutions financières.

3. **Instabilité Politique et Sociale :** Les crises économiques et financières peuvent engendrer des troubles sociaux et politiques, notamment des manifestations, des émeutes et des changements de gouvernement.

4. **Intervention Gouvernementale :** En réponse aux crises, les gouvernements peuvent être contraints d'intervenir avec des politiques de relance économique, des plans de sauvetage bancaire et des mesures de régulation renforcée.

Leçons Tirées des Crises Précédentes :

1. **Importance de la Régulation Financière :** Les crises financières soulignent l'importance d'une régulation financière adéquate pour prévenir les pratiques abusives et les comportements risqués.

2. **Gestion de la Dette :** Les gouvernements doivent veiller à une gestion prudente de la dette publique pour éviter les crises de surendettement et maintenir la stabilité financière.

3. **Surveillance du Marché :** Une surveillance efficace des marchés financiers est essentielle pour détecter et prévenir les signes avant-coureurs de crises financières imminentes.

4. **Coordination Internationale :** Les crises économiques et financières sont souvent des problèmes mondiaux qui nécessitent une coopération internationale pour être résolus de manière efficace.

Conclusion :

Les crises économiques et financières sont des événements inévitables dans l'économie mondiale, mais leur gravité et leur impact peuvent être atténués par une régulation financière adéquate, une gestion prudente des risques et une coopération internationale. En tirant les leçons des crises passées, les gouvernements, les institutions financières et les acteurs économiques peuvent mieux se préparer à faire face aux défis économiques et financiers du futur.

Chapitre 22 : Évolutions dans le domaine de l'énergie et des ressources naturelles

L'énergie et les ressources naturelles sont des éléments fondamentaux de notre économie mondiale et de notre mode de vie. Dans ce chapitre, nous explorerons les tendances et les évolutions significatives dans le domaine de l'énergie et des ressources naturelles, en mettant en lumière les innovations technologiques, les défis environnementaux et les changements géopolitiques qui façonnent ce secteur crucial.

Transition Énergétique et Durabilité :

1. **Développement des Énergies Renouvelables :** La transition vers les énergies renouvelables, telles que l'énergie solaire, éolienne et hydroélectrique, s'accélère à l'échelle mondiale, soutenue par des politiques gouvernementales, des avancées technologiques et une prise de conscience croissante de la nécessité de réduire les émissions de carbone.

2. **Efforts en Matière d'Économie d'Énergie :** Les initiatives visant à promouvoir l'efficacité énergétique dans les secteurs industriel, commercial et résidentiel sont de plus en plus courantes, contribuant à réduire la consommation d'énergie et les émissions de gaz à effet de serre.

3. **Transition vers l'Électrification :** L'électrification des transports, de l'industrie et des systèmes de chauffage est en cours dans de nombreux pays, alimentée par la baisse des coûts des technologies électriques et la recherche de solutions de transport plus propres.

Défis Environnementaux et Durabilité :

1. **Gestion des Déchets et Pollution :** La gestion des déchets, y compris les déchets plastiques et électroniques, ainsi que la lutte

contre la pollution de l'air et de l'eau, restent des défis majeurs pour la durabilité environnementale.

2. **Conservation des Ressources Naturelles :** La conservation des ressources naturelles, telles que l'eau, les forêts et la biodiversité, est devenue une priorité mondiale pour préserver les écosystèmes fragiles et assurer un approvisionnement durable en ressources.

3. **Atténuation des Changements Climatiques :** La lutte contre les changements climatiques nécessite des mesures concertées pour réduire les émissions de gaz à effet de serre, développer des énergies propres et renforcer la résilience face aux impacts climatiques.

Géopolitique de l'Énergie :

1. **Ressources Naturelles et Puissance Économique :** Les pays riches en ressources naturelles, tels que le pétrole, le gaz et les minéraux, jouent un rôle stratégique dans l'économie mondiale, influençant les relations internationales et la géopolitique mondiale.

2. **Transition Géopolitique :** La transition vers des sources d'énergie alternatives et durables peut remodeler les dynamiques géopolitiques en réduisant la dépendance à l'égard des combustibles fossiles et en redistribuant le pouvoir économique entre les nations.

Innovation Technologique :

1. **Stockage de l'Énergie :** Les progrès dans le stockage de l'énergie, tels que les batteries lithium-ion et les technologies de stockage thermique, sont essentiels pour surmonter les défis de

l'intermittence des énergies renouvelables et améliorer la fiabilité des réseaux électriques.

2. **Intelligence Artificielle et IoT :** L'intégration de l'intelligence artificielle et de l'Internet des objets (IoT) dans les réseaux énergétiques permet d'optimiser la production, la distribution et la consommation d'énergie, améliorant ainsi l'efficacité et la durabilité globale du système énergétique.

Conclusion :

L'évolution du domaine de l'énergie et des ressources naturelles est marquée par une transition vers des sources d'énergie propres et durables, ainsi que par des défis environnementaux et géopolitiques complexes. La promotion de l'innovation technologique, la mise en œuvre de politiques durables et la coopération internationale sont essentielles pour relever les défis actuels et assurer un avenir énergétique plus propre et plus durable pour tous

Chapitre 23 : Évolutions démographiques et sociétales

Les évolutions démographiques et sociétales façonnent profondément notre monde, influençant les tendances économiques, politiques, culturelles et environnementales. Dans ce chapitre, nous explorerons les dynamiques démographiques en mutation, les changements sociaux et les défis associés à ces transformations.

Tendances Démographiques :

1. **Croissance Démographique :** Alors que la population mondiale continue de croître, des disparités importantes persistent entre les régions, avec une croissance rapide dans certaines régions et un ralentissement dans d'autres.

2. **Urbanisation :** L'urbanisation rapide est un phénomène majeur, avec une proportion croissante de la population mondiale vivant dans des zones urbaines, ce qui pose des défis en matière d'infrastructures, de logement, d'emploi et d'environnement.

3. **Vieillissement de la Population :** Le vieillissement de la population est une tendance importante dans de nombreux pays, avec des implications majeures pour les systèmes de santé, les retraites et l'économie en général.

Changements Sociaux :

1. **Éducation et Emploi :** L'accès à l'éducation et aux opportunités d'emploi évolue, avec une demande croissante de compétences numériques et une transition vers une économie du savoir.

2. **Égalité des Genres :** Les progrès vers l'égalité des sexes sont variables selon les régions, mais des efforts continus sont nécessaires pour éliminer les disparités en matière de salaire, d'accès à l'éducation et de participation politique.

3. **Diversité Culturelle :** La mondialisation et les migrations entraînent une plus grande diversité culturelle, ce qui peut enrichir les sociétés mais aussi susciter des tensions et des conflits.

Défis et Opportunités :

1. **Migration et Intégration :** Les flux migratoires continuent de façonner les sociétés à l'échelle mondiale, avec des défis liés à l'intégration culturelle, sociale et économique des migrants.

2. **Inégalités Sociales :** Les inégalités persistantes en matière de revenu, d'accès aux soins de santé et d'éducation peuvent conduire à des tensions sociales et politiques, nécessitant des politiques efficaces pour promouvoir l'inclusion et l'équité.

3. **Défis Environnementaux :** Les pressions démographiques sur les ressources naturelles et les écosystèmes exacerbent les défis environnementaux tels que le changement climatique, la déforestation et la perte de biodiversité.

Perspectives Futures :

1. **Technologie et Société :** Les avancées technologiques telles que l'intelligence artificielle, la biotechnologie et l'automatisation auront un impact profond sur le travail, l'éducation et la vie quotidienne.

2. **Adaptation et Résilience :** Les sociétés doivent s'adapter aux changements démographiques et sociaux en cours tout en renforçant leur résilience face aux menaces émergentes telles que les pandémies et les catastrophes naturelles.

3. **Collaboration Internationale :** La coopération internationale est essentielle pour relever les défis mondiaux tels que la migration,

le changement climatique et les inégalités, et pour promouvoir un développement durable et inclusif pour tous.

Conclusion :

Les évolutions démographiques et sociétales sont au cœur des transformations mondiales, avec des implications profondes pour l'avenir de notre planète. En comprenant ces tendances et en adoptant des politiques et des pratiques adaptées, nous pouvons façonner un avenir plus équitable, durable et prospère pour tous les habitants de la Terre

Chapitre 24 : Nouvelles découvertes archéologiques et historiques

Les découvertes archéologiques et historiques continuent d'enrichir notre compréhension du passé de l'humanité, révélant des informations précieuses sur les civilisations anciennes, les événements historiques et les modes de vie anciens. Dans ce chapitre, nous explorerons quelques-unes des découvertes les plus récentes qui ont captivé l'attention du monde et élargi notre vision du passé.

Civilisations Anciennes :

1. **Découvertes en Mésopotamie :** Des fouilles archéologiques en Mésopotamie ont révélé de nouveaux détails sur les civilisations sumérienne, babylonienne et assyrienne, y compris des artefacts religieux, des tablettes cunéiformes et des palais royaux.

2. **Trésors Égyptiens :** Les découvertes récentes en Égypte, telles que des tombes royales, des temples cachés et des artefacts funéraires, offrent un aperçu fascinant de la vie quotidienne et des croyances religieuses de l'Égypte ancienne.

Préhistoire :

1. **Grottes Ornées :** De nouvelles peintures rupestres et gravures découvertes dans des grottes du monde entier fournissent des informations sur l'art préhistorique, les rituels chamaniques et la vie des premiers humains.

2. **Sites Mégalithiques :** Les sites mégalithiques, tels que Stonehenge en Angleterre et Göbekli Tepe en Turquie, continuent de révéler des secrets sur les sociétés préhistoriques et leurs pratiques religieuses.

Histoire Antique :

1. **Découvertes Maritimes :** Des épaves de navires anciens découvertes au fond de la mer Méditerranée fournissent des

indices sur le commerce maritime dans l'Antiquité et les voyages des anciens navigateurs.

2. **Vestiges Urbains :** Les fouilles de villes antiques, telles que Pompéi en Italie et Téotihuacan au Mexique, offrent un aperçu de la vie urbaine et de l'architecture ancienne.

Événements Historiques :

1. **Découvertes de la Seconde Guerre Mondiale :** Les découvertes de vestiges de la Seconde Guerre mondiale, comme des avions de guerre et des bunkers, permettent de mieux comprendre les batailles et les tactiques militaires de l'époque.

2. **Sites de la Guerre Froide :** Des sites historiques de la Guerre froide, tels que le mur de Berlin et les installations de missiles, témoignent des tensions politiques et idéologiques de cette période.

Implications et Perspectives :

1. **Compréhension du Passé :** Les découvertes archéologiques et historiques contribuent à éclairer notre compréhension du passé humain, en fournissant des preuves tangibles de nos origines et de notre évolution.

2. **Préservation du Patrimoine :** Il est essentiel de protéger et de préserver les sites archéologiques et historiques pour les générations futures, afin de préserver notre patrimoine culturel et de continuer à apprendre de notre passé.

Conclusion :

Les nouvelles découvertes archéologiques et historiques sont une source d'émerveillement et d'inspiration, nous permettant de découvrir les réalisations et les défis des civilisations passées. En continuant à explorer et à étudier notre passé, nous enrichissons notre compréhension de l'histoire humaine et renforçons notre connexion avec les générations qui nous ont précédés

Chapitre 25 : Inégalités économiques et sociales dans le monde

Les inégalités économiques et sociales sont des phénomènes omniprésents qui persistent à l'échelle mondiale, créant des disparités significatives entre les individus, les communautés et les nations. Dans ce chapitre, nous examinerons les différentes dimensions des inégalités économiques et sociales, leurs causes et leurs conséquences à travers le monde.

Dimensions des Inégalités :

1. **Inégalités de Revenu :** Les écarts de revenu entre les individus et les ménages sont l'une des formes les plus évidentes d'inégalités économiques, avec une concentration de richesse chez une petite élite et une précarité financière pour de nombreuses personnes.

2. **Inégalités d'Accès à l'Éducation :** L'accès inégal à l'éducation, en particulier dans les pays en développement, perpétue le cycle de la pauvreté en empêchant les individus d'acquérir les compétences nécessaires pour s'élever socialement et économiquement.

3. **Inégalités d'Opportunités :** Les inégalités d'opportunités, telles que l'accès inégal à l'emploi, aux soins de santé et aux services publics, exacerbent les disparités économiques et sociales entre les différentes strates de la société.

4. **Inégalités de Genre :** Les femmes sont souvent confrontées à des inégalités économiques et sociales, y compris des écarts salariaux, un accès limité aux opportunités d'emploi et une sous-représentation dans les sphères de pouvoir et de prise de décision.

Causes des Inégalités :

1. **Politiques Économiques :** Les politiques économiques favorisant les riches et les grandes entreprises, telles que les baisses d'impôts pour les riches et la déréglementation financière, contribuent à accroître les inégalités.

2. **Structures Sociales :** Les structures sociales discriminatoires, telles que le racisme, le sexisme et la discrimination fondée sur la classe sociale, alimentent les inégalités en limitant l'accès des groupes marginalisés aux ressources et aux opportunités.

3. **Globalisation :** La mondialisation économique a entraîné une augmentation des inégalités entre les pays, avec certains pays en développement bénéficiant de la croissance économique tandis que d'autres sont laissés pour compte.

Conséquences des Inégalités :

1. **Pauvreté :** Les inégalités économiques sont étroitement liées à la pauvreté, avec de nombreux individus et familles luttant pour subvenir à leurs besoins de base en raison d'un accès limité aux ressources.

2. **Instabilité Sociale :** Les inégalités sociales peuvent entraîner des tensions sociales, des conflits et des mouvements de protestation, en particulier dans les sociétés où les disparités de richesse sont flagrantes et injustes.

3. **Déséquilibre Politique :** Les inégalités économiques peuvent se traduire par un déséquilibre de pouvoir politique, avec les riches et les élites influençant les politiques publiques à leur avantage, au détriment des intérêts des classes inférieures.

Stratégies d'Atténuation :

1. **Réforme Fiscale :** Une réforme fiscale progressive, avec des impôts plus élevés pour les riches et des programmes de redistribution, peut contribuer à réduire les inégalités de revenu et de richesse.

2. **Investissement dans l'Éducation :** Investir dans l'éducation, en particulier pour les groupes marginalisés, peut aider à réduire les inégalités en offrant à chacun des chances égales de réussite.

3. **Protection Sociale :** Les filets de sécurité sociale, tels que les programmes d'aide sociale, les soins de santé universels et les allocations familiales, peuvent atténuer les effets des inégalités en offrant un soutien financier aux plus démunis.

Conclusion :

Les inégalités économiques et sociales sont des défis complexes et persistants qui nécessitent une action collective à l'échelle mondiale. En identifiant les causes profondes des inégalités et en mettant en œuvre des politiques et des programmes ciblés, il est possible de réduire les disparités économiques et sociales et de créer un monde plus juste et équitable pour tous.

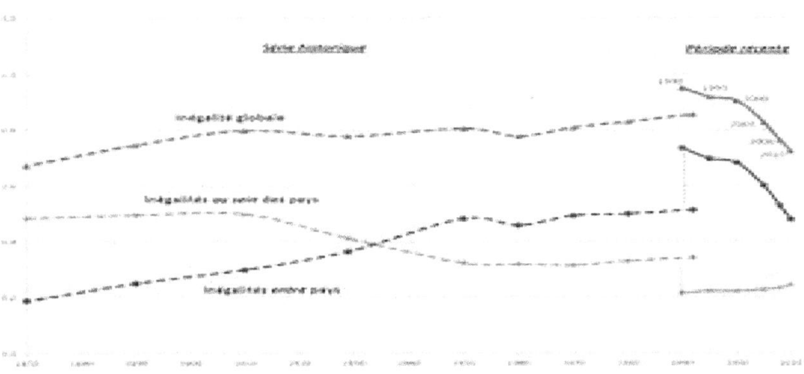

Chapitre 26 : Évolution des médias et de la communication à l'échelle mondiale

Les médias et la communication jouent un rôle crucial dans la société moderne, facilitant la diffusion de l'information, la connectivité entre les individus et les cultures, et influençant les opinions et les comportements. Dans ce chapitre, nous explorerons l'évolution des médias et de la communication à travers le monde, en mettant en lumière les principales tendances, les défis et les impacts sur la société.

1. Développement des Médias Traditionnels :

- **Presse Écrite :** Depuis l'invention de l'imprimerie, la presse écrite a été un moyen dominant de diffusion de l'information. Bien que son influence ait diminué avec l'avènement des médias numériques, elle reste importante dans de nombreuses régions du monde.

- **Radio et Télévision :** Les médias audiovisuels ont révolutionné la façon dont l'information est diffusée et consommée, offrant une couverture en temps réel des événements et des programmes de divertissement populaires.

2. L'Ère Numérique :

- **Internet :** L'avènement d'Internet a transformé la manière dont les individus interagissent avec l'information, offrant un accès rapide et facile à une multitude de contenus et de services en ligne.

- **Réseaux Sociaux :** Les plateformes de médias sociaux telles que Facebook, Twitter et Instagram ont radicalement changé la façon dont les gens communiquent et partagent des informations, créant des réseaux virtuels mondiaux.

3. *Mondialisation des Médias :*

- **Accessibilité Mondiale :** Les médias numériques ont rendu l'information accessible à un public mondial, favorisant l'échange culturel et la compréhension interculturelle.
- **Langue et Contenu :** La diversité linguistique et culturelle est devenue plus visible grâce à la disponibilité de contenu provenant de différentes régions du monde.

4. *Défis et Controverses :*

- **Désinformation et Fakes News :** La prolifération de fausses informations en ligne a posé un défi majeur pour la crédibilité des médias et la confiance du public dans l'information.
- **Surveillance et Vie Privée :** Les préoccupations concernant la surveillance gouvernementale et la violation de la vie privée des individus ont suscité des débats sur les limites de la liberté d'expression et de la protection des données.

5. *Impact sur la Société :*

- **Démocratisation de l'Information :** Internet a permis à chacun de devenir un producteur et un consommateur d'informations, renforçant ainsi la démocratie et la transparence.
- **Influence sur les Opinions et les Comportements :** Les médias sociaux ont joué un rôle majeur dans la formation des opinions publiques et des mouvements sociaux, catalysant le changement social à l'échelle mondiale.

6. *Perspectives Futures :*

- **Intelligence Artificielle :** L'intégration de l'intelligence artificielle dans les médias et la communication devrait ouvrir de nouvelles possibilités pour la personnalisation du contenu et l'automatisation des processus.

- **Régulation et Éthique :** La régulation des médias numériques et la promotion de pratiques éthiques restent des défis importants à mesure que les technologies évoluent.

Conclusion :

L'évolution des médias et de la communication a façonné notre monde de manière profonde et continue de le faire. Alors que nous naviguons à travers les défis et les opportunités de l'ère numérique, il est essentiel de promouvoir un environnement médiatique diversifié, éthique et responsable, qui favorise l'inclusion, la transparence et le dialogue au sein de la société mondiale

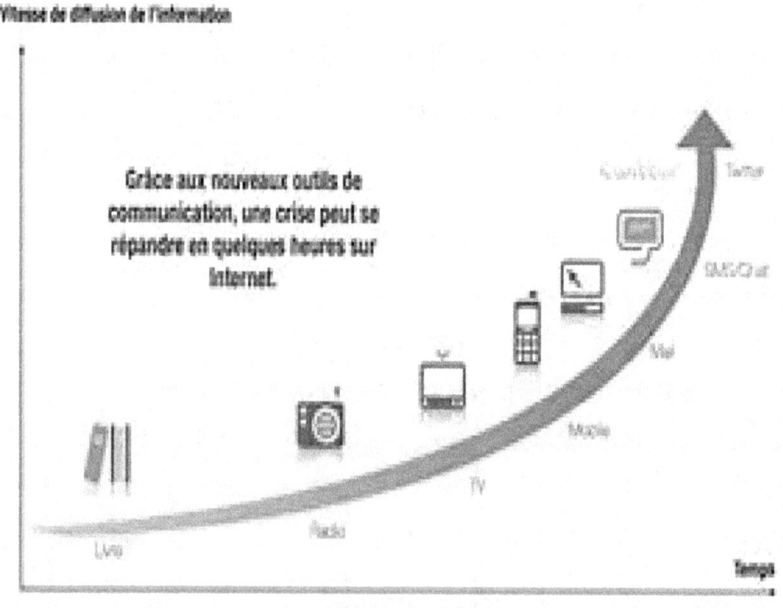

Chapitre 27 : Développements dans le domaine de l'intelligence artificielle et de la robotique

L'intelligence artificielle (IA) et la robotique sont deux domaines de la technologie en constante évolution qui ont un impact majeur sur de nombreux aspects de la vie humaine, de l'industrie à la santé en passant par l'éducation. Dans ce chapitre, nous explorerons les derniers développements dans ces domaines et leur influence sur notre société.

1. Évolution de l'Intelligence Artificielle :

- **Apprentissage Machine :** Les avancées dans les algorithmes d'apprentissage machine ont permis aux ordinateurs d'apprendre à partir de données et de prendre des décisions autonomes dans une variété de domaines, allant de la reconnaissance vocale à la conduite autonome.
- **Réseaux Neuronaux :** Les réseaux neuronaux profonds ont révolutionné le domaine de l'IA en permettant aux machines de reconnaître des modèles complexes dans les données et de réaliser des tâches sophistiquées telles que la traduction automatique et la reconnaissance d'images.

2. Applications de l'Intelligence Artificielle :

- **Santé :** L'IA est utilisée dans le diagnostic médical, la découverte de médicaments et la personnalisation des traitements, ce qui améliore les résultats pour les patients et réduit les coûts de soins de santé.
- **Industrie :** Dans le secteur manufacturier, les robots équipés d'IA sont de plus en plus utilisés pour automatiser les processus de production et augmenter l'efficacité opérationnelle.
- **Finance :** Les algorithmes d'IA sont utilisés dans la gestion de portefeuille, la détection de fraudes et la prise de décisions

d'investissement, améliorant ainsi la précision et la rapidité des opérations financières.

3. Robotique Avancée :

- **Robots Collaboratifs :** Les robots collaboratifs, ou cobots, travaillent aux côtés des humains dans des environnements de travail partagés, améliorant la productivité et la sécurité sur le lieu de travail.
- **Robotique Autonome :** Les progrès dans la robotique autonome permettent aux robots de fonctionner de manière indépendante dans des environnements complexes, tels que la livraison de colis et l'exploration spatiale.

4. Défis et Controverses :

- **Éthique :** L'utilisation de l'IA soulève des questions éthiques concernant la responsabilité des décisions prises par les machines et l'impact sur l'emploi.
- **Biais Algorithmique :** Les algorithmes d'IA peuvent être sujets à des biais, ce qui peut entraîner des décisions discriminatoires dans des domaines tels que le recrutement et la justice.

5. Perspectives Futures :

- **IA Générale :** L'objectif ultime de l'IA est de développer une intelligence générale comparable à celle des humains, capable de raisonner, d'apprendre et de résoudre une grande variété de tâches.
- **Intégration Sociale :** Il est essentiel de développer des politiques et des réglementations qui garantissent que l'IA et la robotique sont utilisées de manière éthique et bénéfique pour la société dans son ensemble.

Conclusion :

L'intelligence artificielle et la robotique sont des domaines en pleine expansion qui promettent de transformer radicalement notre société et notre économie. Alors que nous continuons à avancer dans ces domaines, il est essentiel de prendre en compte les implications sociales, éthiques et économiques de ces technologies afin de maximiser leurs avantages tout en atténuant leurs risques potentiels.

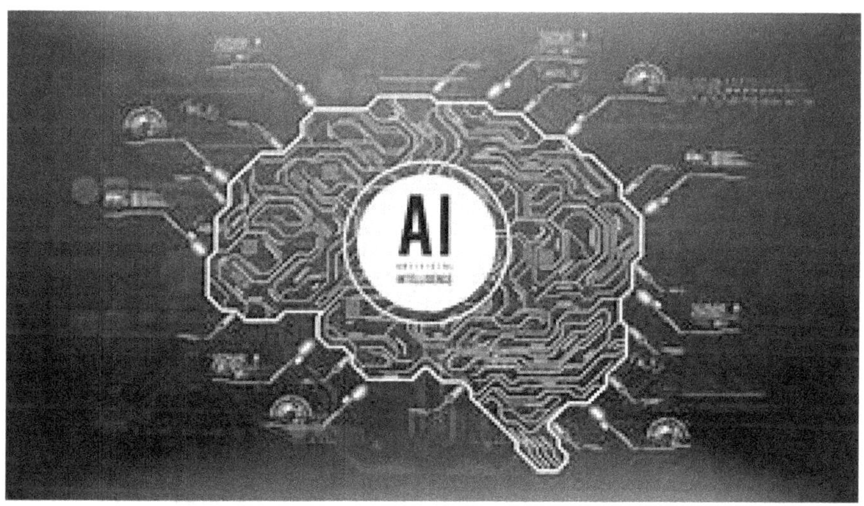

Chapitre 28 : Réformes juridiques et politiques à l'échelle internationale

Les réformes juridiques et politiques à l'échelle internationale jouent un rôle crucial dans la promotion de la justice, de la paix et de la coopération entre les nations. Dans ce chapitre, nous explorerons les différentes réformes juridiques et politiques qui ont été entreprises à l'échelle internationale et leur impact sur la gouvernance mondiale.

1. Les Institutions Internationales :

- Les Nations Unies : Fondée en 1945, l'ONU est l'une des institutions internationales les plus importantes, travaillant à promouvoir la paix, les droits de l'homme et le développement durable à travers le monde.

- La Cour Internationale de Justice (CIJ) : La CIJ est l'organe judiciaire principal des Nations Unies, chargé de régler les différends entre États conformément au droit international.

2. Le Droit International :

- Le Droit des Conflits Armés : Le droit international humanitaire vise à protéger les civils et les prisonniers de guerre pendant les conflits armés, en établissant des règles sur la conduite des hostilités.

- Les Droits de l'Homme : Les traités internationaux sur les droits de l'homme, tels que la Déclaration Universelle des Droits de l'Homme, énoncent les droits fondamentaux que tous les individus devraient jouir, indépendamment de leur nationalité ou de leur statut.

3. La Coopération Économique :

- Les Accords Commerciaux : Les accords commerciaux internationaux visent à réduire les obstacles au commerce entre les pays, favorisant ainsi la croissance économique et la prospérité mondiale.

- La Coopération en Matière Environnementale : Les accords internationaux tels que l'Accord de Paris sur le climat visent à coordonner les efforts mondiaux pour lutter contre le changement climatique et protéger l'environnement.

4. La Sécurité Internationale :

- La Non-Prolifération des Armes Nucléaires : Les traités de non-prolifération visent à prévenir la prolifération des armes nucléaires et à promouvoir le désarmement nucléaire, contribuant ainsi à la sécurité mondiale.
- La Lutte contre le Terrorisme : La coopération internationale est essentielle pour lutter contre le terrorisme, en partageant des informations et en coordonnant les efforts pour prévenir les attaques terroristes.

5. Les Défis et les Perspectives Futures :

- Les Obstacles à la Coopération : Les intérêts nationaux divergents, les conflits d'intérêts et les différences culturelles peuvent entraver la coopération internationale et la mise en œuvre de réformes juridiques et politiques.
- La Nécessité d'une Gouvernance Mondiale Renforcée : Alors que les défis mondiaux tels que le changement climatique et la pandémie de COVID-19 nécessitent une réponse collective, il est de plus en plus urgent de renforcer la gouvernance mondiale et la coopération internationale.

Conclusion :

Les réformes juridiques et politiques à l'échelle internationale sont essentielles pour relever les défis mondiaux et promouvoir la paix, la prospérité et les droits de l'homme à travers le monde. Alors que la communauté internationale continue de s'efforcer de résoudre les problèmes mondiaux, il est impératif de renforcer la coopération et de promouvoir des réformes qui bénéficient à tous les peuples et nations de la planète.

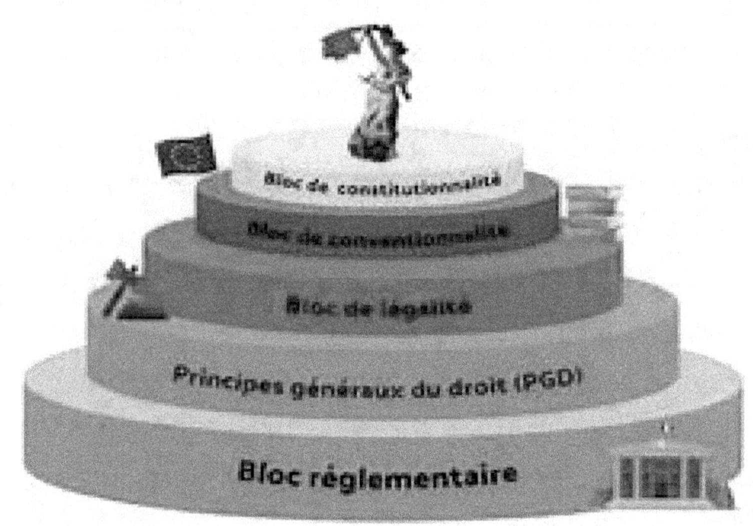

Chapitre 29 : Initiatives internationales pour le développement durable

Les initiatives internationales pour le développement durable visent à promouvoir la croissance économique, la protection de l'environnement et le bien-être social à l'échelle mondiale. Dans ce chapitre, nous explorerons les différentes initiatives et accords internationaux qui ont été mis en place pour atteindre ces objectifs.

1. Les Objectifs de Développement Durable (ODD) :

- Adoptés par les Nations Unies en 2015, les ODD sont un ensemble de 17 objectifs mondiaux visant à éliminer la pauvreté, à protéger la planète et à assurer la prospérité pour tous d'ici 2030. Ces objectifs comprennent la lutte contre la faim, la promotion de l'éducation, la réduction des inégalités et la protection de l'environnement.

2. L'Accord de Paris sur le Climat :

- Signé en 2015 par 196 pays, l'Accord de Paris vise à limiter le réchauffement climatique en maintenant l'augmentation de la température mondiale bien en dessous de 2 degrés Celsius par rapport aux niveaux préindustriels. Il appelle également à des efforts pour limiter l'élévation de la température à 1,5 degré Celsius.

3. La Convention-Cadre des Nations Unies sur les Changements Climatiques (CCNUCC) :

- Établie en 1992, la CCNUCC est un cadre international pour la coopération sur le changement climatique, visant à stabiliser les concentrations de gaz à effet de serre dans l'atmosphère pour éviter des perturbations dangereuses du système climatique.

4. La Convention sur la Diversité Biologique (CDB) :

- Adoptée en 1992 lors du Sommet de la Terre à Rio de Janeiro, la CDB vise à promouvoir la conservation de la diversité biologique, l'utilisation durable de ses éléments et le partage équitable des avantages découlant de l'exploitation des ressources génétiques.

5. Les Objectifs d'Aichi pour la Biodiversité :

- Adoptés en 2010 par les parties à la CDB, les Objectifs d'Aichi comprennent 20 cibles spécifiques visant à promouvoir la conservation de la biodiversité et l'utilisation durable de ses éléments jusqu'en 2020.

6. La Stratégie de Développement Durable de l'ONU :

- Lancée en 2015, la Stratégie de Développement Durable de l'ONU vise à intégrer les principes du développement durable dans toutes les activités des Nations Unies, afin de promouvoir la durabilité économique, sociale et environnementale à l'échelle mondiale.

7. Le Cadre de Sendai pour la Réduction des Risques de Catastrophe :

- Adopté en 2015 lors de la Troisième Conférence mondiale des Nations Unies sur la réduction des risques de catastrophe, le Cadre de Sendai vise à réduire substantiellement les pertes liées aux catastrophes naturelles d'ici 2030 en renforçant la résilience des communautés et des nations.

Conclusion :

Les initiatives internationales pour le développement durable sont essentielles pour relever les défis mondiaux tels que le changement climatique, la perte de biodiversité et la pauvreté. En collaborant à l'échelle mondiale, les nations peuvent travailler ensemble pour créer un avenir plus durable pour les générations futures.

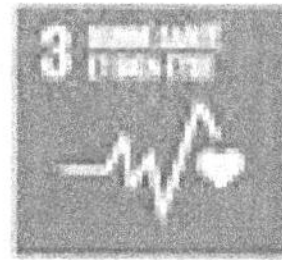

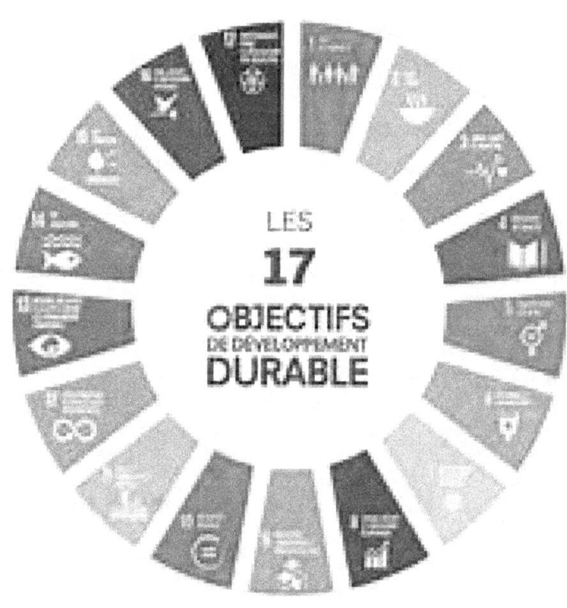

Chapitre 30 : Progrès dans le domaine de l'éducation, de la santé et de l'égalité des genres à travers le monde.

L'éducation, la santé et l'égalité des genres sont des domaines essentiels pour le développement humain et la prospérité des sociétés à travers le monde. Dans ce chapitre, nous examinerons les progrès réalisés dans ces domaines, ainsi que les défis persistants et les initiatives visant à les surmonter.

1. Progrès dans l'Éducation :

- **Augmentation de l'Accès à l'Éducation :** Au cours des dernières décennies, il y a eu une augmentation significative de l'accès à l'éducation primaire et secondaire dans de nombreuses régions du monde, avec des efforts déployés pour atteindre l'objectif d'une éducation de base universelle.
- **Réduction du Taux d'Analphabétisme :** Les initiatives de lutte contre l'analphabétisme ont porté leurs fruits, avec une réduction des taux d'analphabétisme chez les jeunes et les adultes dans de nombreuses régions, bien que des disparités subsistent entre les pays développés et en développement.
- **Promotion de l'Éducation des Filles :** Des progrès ont été réalisés dans la promotion de l'éducation des filles, mais des défis persistent, notamment en ce qui concerne les barrières culturelles et socio-économiques.

2. Avancées en Matière de Santé :

- **Amélioration de l'Accès aux Services de Santé :** Les progrès dans les soins de santé primaires ont contribué à une amélioration de l'accès aux services de santé de base, notamment dans les régions rurales et reculées.

- **Réduction de la Mortalité Infantile et Maternelle :** Les efforts pour réduire la mortalité infantile et maternelle ont porté leurs fruits, avec une baisse significative des taux de mortalité infantile et maternelle dans de nombreuses régions du monde.
- **Lutte contre les Maladies Infectieuses :** Des progrès ont été réalisés dans la lutte contre les maladies infectieuses telles que le VIH/SIDA, le paludisme et la tuberculose, bien que des défis persistent en matière de prévention, de traitement et d'élimination de ces maladies.

3. Avancées vers l'Égalité des Genres :

- **Promotion de l'Autonomisation des Femmes :** Des initiatives visant à promouvoir l'autonomisation économique, sociale et politique des femmes ont été mises en œuvre, contribuant à une plus grande égalité des genres dans de nombreux domaines.
- **Lutte contre la Violence à l'Égard des Femmes :** Des progrès ont été réalisés dans la sensibilisation et la prévention de la violence à l'égard des femmes, bien que cette question reste un défi majeur à l'échelle mondiale.
- **Renforcement des Droits des Femmes et des Filles :** Des efforts ont été déployés pour renforcer les droits des femmes et des filles, y compris l'accès à l'éducation, à la santé reproductive et aux opportunités économiques.

Initiatives pour le Progrès :

- **Objectifs de Développement Durable (ODD) :** Les ODD comprennent des objectifs spécifiques liés à l'éducation, à la santé et à l'égalité des genres, appelant à des mesures concrètes pour améliorer ces domaines à l'échelle mondiale.
- **Investissements dans les Services de Base :** Les investissements dans les services de base tels que l'éducation, la santé et les droits

des femmes sont essentiels pour assurer un développement durable et inclusif.

- **Renforcement de la Coopération Internationale :** La coopération internationale est essentielle pour relever les défis mondiaux liés à l'éducation, à la santé et à l'égalité des genres, en favorisant le partage des meilleures pratiques et des ressources.

Conclusion :

Bien que des progrès significatifs aient été réalisés dans les domaines de l'éducation, de la santé et de l'égalité des genres, des défis persistants subsistent, notamment en ce qui concerne les disparités entre les pays développés et en développement, ainsi que les inégalités persistantes liées au genre. Pour continuer à progresser, une action concertée et une coopération internationale sont nécessaires, avec un engagement renouvelé envers les objectifs de développement durable et les droits fondamentaux de tous les individus, quel que soit leur sexe, leur âge ou leur origine.